날아라 캥거루

박숙경 시집

문학의전당 시인선
227

날아라 캥거루

박숙경 시집

문학의전당

시인의 말

어디에도 기댈 곳 없는 계절
오늘의 운세를 보는 날이 많아졌다.

내 곁에 얌전히 와준 첫 시집

모리셋파크를 꿈꾸는 청춘들과
나의 모리셋파크에게 바친다.

2016년 5월
박숙경

차례

시인의 말

제1부

로그오프 13
폭탄 돌리기 14
미스킴라일락 16
고양이는 고양이 세수 중 18
고비 20
그 사이에 22
사월 24
알밤 깎기 26
어떤 몰두 28
가뭄 30
카페, 세렝게티 32
행복한 일 34
소음측정기 36
반달 38

제2부

빨간 목요일   41
사북에서   42
생의 뒤 페이지를 스캔하다   44
겨우살이   46
햇빛 이자   48
날아라 캥거루   50
통화권 이탈   52
자작나무 숲에 들다   54
열대야   56
오래된 선풍기   58
천 개의 문   60
파장(罷場)   62
도다리 한 마리, 소주 두 병   64
맛있는 말   66

제3부

쪽동백꽃 지다 69
이팝꽃 70
군자란, 꽃대 밀어 올리다 72
등꽃 74
별을 만지는 방법 76
입춘 78
반의반 80
가을, 장 보기 82
꽃무릇 84
북대암에서 86
우포의 달 88
꽃기린 90
풍경을 마시다 92
왜목에서 94

제4부

페달을 밟으면　97
입장(笠場)　98
양떼구름　100
풍경 쉐이크　102
부석사에서　104
소리의 무늬　106
꽃자리　108
해돋이　110
햇살을 삼키다　112
코스모스가 있던 자리　114
대견사에서　116
와온에서　118
초설　120
달빛 소나타　122

해설 | 떠도는 사담(私談)들을 건너 꿈에 닿기　123
　　　박서영(시인)

제1부

로그오프

허락 없이 나를 끄거나
당신에게서 마음대로 분리하지 마십시오

지금은 내 마음 업데이트 중

당신 심장에 나를 새로 설치하려 합니다

폭탄 돌리기

계절의 컷오프에서 살아남은 나무가
구름 아래로 가지를 뻗어 다시
피돌기를 시작했다

봄눈마다 동그라미를 그리는 순번을 정하는 일은 봄바람에게 맡기고
불을 켜는 일은 봄 햇살의 의무
뿌리에서 봄눈까지의 불편한 소통을 해결하는 방법은
정무적 판단이 아닌
고도의 전략이었다

쫓기는 건 늘 마음이어서
허둥대다가 허공에 성냥을 긋기도 하였다

서로의 탓이 아니라고 아슬아슬하게
봄을 내돌렸다

사방에서 쏟아지는 봉긋한 야유,

가장 흔한 말이 가장 독특한 말이 되기도 했다

무르익은 화약 냄새가 색색으로 번지면
잠시 숨을 삼킨다

이제, 부둥켜안고 터질 일만 남았다

저, 꽃들의 와글와글한 소요

미스킴라일락

그러니까 너는 이해하기 어려운 이름이고
그러므로 너는 이해되기 힘든 시간이다
철학책을 펴놓은 듯 헝클어진 머릿속이고
그래서 갇혀버린 감각이어도 아프지 않다
그렇게 아파도 아프지 않다
그럼에도 불구하고 연보라의 겉옷을 걸친 우울이 떠다니는 오후의 중심에 너는 서 있고
그렇게 이율배반적인 단어들의 배열 속에 거듭되는 역류의 목청으로 나는 울었다
그러니까 아무것도 알 수 없고 아무것도 느낄 수 없을 때는 말하려다 말 못한 말들을 잊기로 했고
그래서 그렇다는 말을 나는 쓰고
그래봤자 요지부동의 애매한 말들과 모호한 생각 사이에 애매모호의 공간을 만들기도 한다

문득,
뻔한 이별에 대하여 심장에서 이해되었던 말이 머릿속에서 이해되지 못하고 무너져 부글거릴 때

그나마 그러므로의 입장을 대신해줄 효율적인 방법을 나는
알고 있으므로 불안의 경계를 벗어나기가 어렵지만은 않겠다
 그래서 기다려주지 않는 시간에게 받은 상처 때문에 생겨난
경고등 따윈 무섭지 않다

 저, 아득한 연보랏빛 횡설수설

고양이는 고양이 세수 중

나는 야행성
겁 많은 고양이
자정이 다가서면 오묘한 자세로 나는 연습을 시작하지

나는야 행성
두 귀와 수염은 늘 현관 밖으로 열어두고 다른 행성으로 떠날 준비를 하지
반짝이는 눈으론 달빛을 당겨올 거야

자국이 난 벽지와 빈 박스는 나의 스크래쳐
긁고 또 긁어도 자라나는 발톱은 미련 없이 뽑아버리지
높은 곳에서 바닥으로의 연착륙은 기묘한 생존 방식
배가 불러지면 동그랗게 몸을 말아 잠이 들기도 해
꿈을 꾸다가 별별의 별들과 마주치는 건 아주 흔한 일
꿈의 깊이만큼 잠꼬대를 하고
잠결에도 내 말을 하는 건 말 안 해줘도 다 알아들어
예쁘다고 말하는 소리가 들리면 꼬리를 살랑거려주는 것, 나의 예의

눈을 뜬다

고양이 자세를 한 후 몇 번 뒹굴어주는 것이 내 하루의 시작법

혓바닥으로 발가락 사이사이와 하얀 발등과 목덜미를 새하얗게 닦는 일을 고양이 세수라고 사람들은 말하지

눈빛을 주고받으며 밥을 먹는 건 아주 기본적인 일

물그릇을 엎어버리는 건 나만의 주특기

거짓이라곤 눈을 씻고 찾아봐도 찾을 수 없는 눈동자라는 말을 듣기도 하지만 가슴 깊숙한 곳에 숨겨진 우울의 뭉치를 토해내야만 살아남을 수 있어

묘사니 구조니 기타 등등의 수사법은 모르지만

꼬리로 물음표 만드는 건 누워서 떡 먹는 일, 하지만 아무 때나 물음표를 만들지는 않지

고양이는 지금 고양이 세수 중

고비

그나마 우기였던 짧은 여름을 그리워하는 것이다

젖은 깃털을 털며
멸종의 사선, 그 혹독을 견디는 혹부리오리떼
소금기를 머금고 일어서는 바람의 끝
말 잔등을 두드리는 유목민의 아이들,
둥지 떠날 채비를 끝낸 새끼독수리도
그 여름을 아쉬워하는 건 마찬가지

비틀거려도 기댈 곳 없는 땅
왔던 길보다 남은 얼마의 길이 고비일 게다
잘못 든 길조차 언젠가는 다시 만나게 되어 있다는 고비의 길
그리하여, 잘못된 길은 없는 것이다

바람과 구름의 소용돌이
둘러봐도 아무것도 없는 사위(四圍)
눈에 보이는 것만이 고비가 아니다
잡히지 않는 뼈 마디마디 속에 고비가 있고

생각의 틈새, 볼 수 없는 구멍 구멍마다 고비가 있다

심호흡을 한다
말들도 낙타도 어린 산양도
끼리끼리 모여 바람을 맞는다

어디에 서 있든 고비다

그 사이에

산 어귀에서 자귀나무인지 미모사인지 잠시 헷갈리던 사이
오르막길, 턱밑에 거미줄이 걸렸을 때
밤새워 일했을까 궁금한 사이
돌탑 꼭대기 돌멩이 올려놓으며
바람 불면 떨어질까 그대로 있어줄까 신경 쓰이던 사이
얌전한 제비꽃에 마음 살짝 다녀온 사이
청설모 한 마리 묵은 솔방울 안고 나무와 나무 사이를 폴짝거리던 사이
사이와 사이에 몰두하다 내려갈 지점 깜빡 놓쳐버린 사이
내리막, 애기똥풀 예뻐서 살짝이 윙크 날린 사이
탱자꽃 하얀 웃음에 멈칫거리며
저지난해 하늘로 가버린 한 사람의 조각난 퍼즐을 맞춰보는 사이
담장 아래 골담초 연노랑 미소에 유년의 우물가를 퍼 올리는 사이
신천대로를 달리다 영대병원으로 빠지는 길이
대봉교에서인지 희망교에서인지 매주 한 번씩 갈등하는 사이
저만치 신호등 7초 남았다고 깜빡거리는데

뛰어야 할지 포기해야 할지 머뭇거리는 사이
눈 동그랗게 뜨고 무릎 저리도록 앉아 빗방울 세는 사이
노란 색연필로 희망의 편지 한 줄 썼다가 지우는 사이
변해야 하는 것과 지켜야 하는 것이 무엇인가 골똘한 사이
머릿속의 묵은 기억들을 잠시 불러내 보는 사이
궁금하고 갈등한 사이

사월

살아 있는 모든 것들은 살아 있음이 부끄러워지고 살아 있어 미안해져
나는 바람에 흩날리는 라일락 향기와
서부해당화 꽃잎의 눈물을 차마 마주할 수 없다

훌쩍 자라난 날개를 꺼내 입고
생의 절해 절벽에 서서
돛배를 기다리는 너에게로 가야 한다
파랑을 날고 또 날아서
이르지도 늦지도 않게 나는 갈 것이다

해보다 별이 먼저 떨어지는 곳에서
천 개의 불안을 견뎌낸 너에게
나는 말로는 다할 수 없는 말이 있어
수천의 별을 네 곁에 불러 앉히고
울먹이는 목소리로 사랑 노래 하나 불러줄 테다
마지막 소절이 끝나면 너는 껍질을 깨고 아기 별 하나를 낳겠지
별나라의 말로 서로를 확인하고

되새김하던 말을 뱉어내 어린 별을 키워내리라

눈앞에 널린 속수무책의 시간에도
별은 혼자 날 수 있어야 한다고 다짐하는 사이
고달픈 날개 끝에 미완성의 미래를 매달고
모두 잘될 거예요를 흥얼거려야 한다

음악 같은 너의 문장들이 눈물 앞에서 출렁거린다

알밤 깎기

깎던 알밤을 밀쳐두고
엎드립니다
詩 앞에 엎드렸다고 전투적이 아니라 말할 수도 있겠지만 이럴 때쯤이면 밴드닥터와 후시딘이 필요하리란 걸 예감하지요
예감했다는 건
예리한 칼날에 엄지손가락이 베일 거라는 걸 예측했다는 말
이미 알고 있었거나
알고 있지 못했거나는 상관없는 일
그저 잠시 날카로웠고
그저 약간의 핏방울이 보였다는 거
며칠 지나고 나면 말짱해질 걸 알기에
잠시의 날카로움 따윈 묻어두기로 해요

알밤을 깎는 일에 몇 방울의 피는 대수도 아니라고 당신이 던진 삐딱한 그 말이 심장을 긋고 지나갔지만 그조차 대수롭지 않게 넘겨버리는 내가 어쩌면 더 전투적일 수도 있네요 전투적인 질문에 전투적인 답을 생각했으므로 나는 그냥 괜찮기로 마음먹고 그 전투적임을 잊어버리네요

알밤을 깎는 일은

그런 거예요

그저 대수롭지 않은 일이에요

쓸쓸해서 가을인 거에 비하면요

어떤 몰두

사는 게 그렇다

붉은머리오목눈이가 알을 낳아 품는다는 건
늘 위태로운 일이다
천적들의 눈동자는 감시카메라처럼 돌아가는데
목숨을 담보로
순간을 몰두한다

세상은 그렇다

혼자여야 하는 일이 새삼스럽지는 않지만
껍데기를 깨고 둥글게 말았던 등을 펼치며 꼼지락거리는
경이로움에 시선이 꽂힌다

눈을 뜰 수도
자유로울 수도 없는 숲의 세상에선
보이지 않아 느낄 수 있음이 그들만의 미덕이다

四季와 모성본능은 여전히 흐르고
뜨거운 목숨은
몇몇 날의 새벽을 밀쳐내고 폭풍처럼 자란다

바람도 햇살도 부풀려 키우는 둥지 속의
저, 몰두

가뭄

모감주꽃, 젖배 곯은 아기마냥 억지로 피었다
억지로 피었다는 건
억지로 바닥을 끓어 올렸다는 거
억지로 유선을 부풀렸다는 거
너그럽지도 탐스럽지도 않다
그간 빌어온 소원의 속을 훤히 비우면서
애처롭게 피워 문 것이리라

때아닌 건기의 맨살 위에
촉촉한 눈시울이라도 보태면 어떨까
돌려막기도 통하지 않는 불통의 계절
흔하던 장마조차 부재중이다
작심하고 변심했을까
메마른 고집이다

다시 다가설 우기를 기다리며
지금은 명랑한 쪽으로 기울고 싶은 시간
텅 비어버린 창자에서는

예상 밖으로 어떤 소리도 나질 않는다
간신히 넘긴 자정의 날들을 생각하며
가빠지는 초침의 호흡을 따라가느라 숨이 거칠다

겉봉에서 뜯어낸 낡은 우표 같은
소낙비 한줄기를 기다린다

가뭄이 깊다

카페, 세렝게티

그녀들의 타이머는 14시 30분에서 멈춰버렸다

플라타너스 이파리 사이 사이의 햇살 사이로 시퍼렇게 칼날을 세우기도 하고 나무의자 팔걸이 사이로 총부리를 닦으며 총알을 장전하기도, 블루마운틴과 아라비카의 향기 사이로 녹슨 화살촉을 벼리며 오늘의 목록에서 빠진 이들의 이목구비 지워버릴 준비를 한다

혓바닥을 건너와 뼈와 살이 되지 못할 그들의 언어에 모순의 싹이 돋는다 시간이 흐를수록 키가 자라고 몸집이 불어나고 무서워지고 무서워질수록 무감각해지는 그들의 표정

난폭해진 언어에 움찔한 지는 이미 오래전의 일

더, 더, 더, 더, 더, 더, 더, 더,
더 쇼킹하고 더 파격적인 말을 기대하는 분위기다

찌르고 사살하고 머리부터 발끝까지 털을 밀고 가죽을 벗긴

다 피가 튄다 해체하고, 봉합하고 다시 해체하기를 몇 차례, 앙상한 갈비뼈만 남겨진 사각 테이블 위, 포만감에 부푼 입술들이 끝없는 평원에 붉은 점을 찍는다

   피 묻은 입술을 삐져나온 목소리는 온도가 다르다

   영원한 것은 없다

   그녀들의 타이머가 16시를 향하여 다시 꿈틀거린다

행복한 일

소인국의 소인이 찍힌 채송화 엽서와 원추천인국의 노오란 편지로 철길이 완성된 걸 깨달았을 때, 수만 리에서도 푸르른 하늘이, 그 하늘을 걷는 뭉게구름의 발자국이, 뭉게구름 옆에 앉은 바람이, 잠시 머물렀다 사라진 바람의 행방이, 햇살의 꽁무니만 쫓는 해바라기에게 너도 눈부실 때가 있느냐고 말 걸어보고 싶을 때

그러다, 그러다가

소나기 한줄기 후드기는 일
짧은 소나기 뒤에 남은 흙냄새의 여운이

빈 화분에 아무 말 없이 흰 봉숭아꽃 피웠을 때 아무 일 없었다는 게 아니었다는 걸 그때서야 깨달아질 때

오른쪽이 뜯겨진 채로 뒤뚱거리며 초록의 풍경이 되어주려는 노랑나비 갈비뼈의 무늬가 생각날 때

오래된 시집을 읽다가 네잎클로버와 눈 마주쳤을 때

우연과 필연의 행간이 고요히 읽혀질 때

소음측정기

　10dB: 왼쪽 젖가슴에 얼굴을 묻고 깊은 꿈길을 아장거리는 아가의 숨소리, 밤새운 꽃잎 이슬방울 털어내고 한나절 빗장 거는 소리, 고추잠자리 바지랑대 날개 접지 못하고 조는 소리, 비 갠 하늘이 남쪽에서 북쪽으로 건너오는 소리

　20dB: 나뭇잎이 나뭇잎에 인사 건네는 소리, 비둘기 가족 아침밥 챙겨 먹는 소리, 여름을 견뎌낸 물억새 불그스름 꽃봉오리 터뜨리는 소리

　30dB: 귓불에 머무는 갈댓잎의 속삭임 소리, 여름비를 표절한 가을비의 짓궂음에 노심초사했던 물여뀌의 심장 소리

　낡은 시집 몇 장 넘기다 오래전 넣어둔 네잎클로버와 눈 맞은 소리는 40dB, 7층 사내, 담배 연기 둥글게 말아 목구멍으로 삼키는 소리는 50dB, 9층 아이들의 우당탕 소리는 60dB, 소공원 벤치, 아줌마들의 수다 소리는 70dB, 광복절 자정 무렵 오토바이 폭주족 소리는 80dB, 노래방의 우여곡절 소리는 90dB, 7층과 9층 틈에서 인내심 무력무력 자라는 소리는 100dB, 태풍 다

나스가 눈 깜빡이며 서귀포 동남쪽 110킬로미터를 돌아 예상보다 빠르게 대한해협으로 빠져나가는 소리는 500dB, 고속도로 휴게소 트로트 소리는 3000dB, 위 내시경 하기 전 혈압 수치가 165/105까지 올라오는 소리는 5000dB

  그 마음이 내 마음으로 건너올 때에는 무한dB

반달

내 발걸음으로는 닿지 못할 섬나라 이야기이다

허기진 배를 채워야만 갈 수 있는 꿈의 영토이다

삼킬 때마다 가시가 걸려
안절부절못하게 했던 사각(死角)의 세월이 있었고

한 그루 계수나무와 토끼 한 마리를 그리워하면
환하게 배가 불러진다는
진리 같은 진리를 믿고 싶을 때

비로소 앙상해진 그리움의 손바닥을 향하여 띄우는
무언의 엽서 한 장

제2부

빨간 목요일

 텔레비전은 혼자 돌아가고 나도 혼자 접힌 채로 가물거리다가 왼편으로 떠밀려가는 자막에서 발굴이라는 말을 발굴한다 설화도 전설도 역사적 유물도 아닌 불우이웃 발굴, 얼어붙은 동화천 갈대숲에서 청머리오리를 찾아내는 일, 시조새의 화석이나 공룡 발자국을 찾아내는 일이다

 가난의 키는 잘도 자라
 비극은 크리스마스트리에도 꽃을 피운다

 푸른 벽화가 물결무늬로 흘러내리는
 절망의 발자국마다 희망의 씨앗 하나 떨구어 주는 일
 절실함과 간절함을 건져 올리는 일
 발굴이다

 텔레비전에는 자막으로 흐르는 빨간 목요일
 나는 왼손바닥으로 자막을 지우며 오른쪽으로 돌아눕는다

 빨간 목요일은 금요일로 건너갈 준비 중이다

사북에서

눈물조차 깜깜해서
생각 또한 먹먹하고 어둑해서
평범의 순간도 그저 낯선 것이어서
잠시라는 말이 영원이라는 말이 되기도 해서
사북 중앙로, 점이 되지 못한 평행선 그 밤거리에 서면 모조리 다 그런 것이어서
충만한 교회 십자가 불빛은 밤이 자라날수록 충만하게 반짝거리는 것이어서
사방은 언제나 북쪽이었던 것이어서
저당 잡힌 손목이 모여 다시 누군가의 저린 발목을 저당 잡고 마는 곳이어서
숨 쉬는 모든 것들이 복불복이어서
찰나의 침묵이 행인의 처진 어깨 위에 내려앉는 전당포 불빛 앞에선
낙엽마저 본전 생각으로 뜨겁게 뒹굴어
더 뜨거워지는 생의 눈시울이어서

저당 잡힌 땅

탕진이라는 우울한 명사가 둥둥 떠다니는 사북의 밤하늘
하현으로 걷는 달빛의 저, 절룩이는 발걸음

어두운 강물을 거슬러 새벽은 다가서는 것이어서

생의 뒤 페이지를 스캔하다

오토바이 뒷자리, 엉거주춤 앉은 그녀의 등이
가맣게 소실점으로 박히는 저물녘
닳은 지문이 잠시 반짝거린다

덜컹거렸으리라
벼랑의 날도 있었으리라
하루에도 몇 번씩 컴컴한 지하도를 지나 노곡 다리를 오갔으리라

주석(註釋)이 없는 뒷모습으로도 그려지는 삶의 내력
뒷면을 읽는 일은 언제나 쓸쓸하다

그 사이와 사이사이
다시 힘줄 불거진 손등,
질긴 삶의 끈을 놓을 수 없는 아찔한 뒷모습이
12월처럼 뭉클하다

접혔던 고단이 뼈마디를 늘여 고요로 눕는 저녁

종일 쳇바퀴를 돌았던 바람이 퉁퉁 부은 발등을 어루만진다

동이 트면 침산 골목시장 낡은 좌판 위에
남겨진 생의 뒤 페이지를 오지게 부려놓을 것이다

겨우살이

여기까지 왔습니다
겨우 살아냈다고 말하고 싶은데 꾸욱 참습니다

보증금은 맡겼는지 월세는 주었는지 가물거립니다
사는 게 죄라고 말해버린 누군가가 있었군요

나도, 당신도 죄목은 같습니다
무단침입죄, 내가 알 바는 아니라며
은근슬쩍 엉덩이부터 디밀어봅니다

창백해진 낮달 잠시 걸터앉았다 갈 뿐
그 사이 한티재 한 바퀴 돌아온 높바람이
헛바닥 쏘옥 내밀고는 꽁지 빠지게 달아납니다

친구라고는 적막뿐입니다

올겨울, 주머니 두둑해야 곁방살이 면할 터인데
얼굴에 녹슨 철판 다시 한 번 덮어쓰고

눈물 같은 것 추방해버린 지 오래라고 짐짓 우기며
이 겨울, 겨우 또 살아내야 할 것 같습니다

삭풍과 삭풍 사이, 잴 수 없는
내 아둔한 요량으로는 억만 광년쯤이나 될 듯합니다

내 마음의 여기에서 그 마음의 거기까지가

햇빛 이자

새벽이 와서 또 그렇게 달아나기를 몇 번쯤 하였을까
저, 읽혀지지 않는 표정과
아무 일 없다는 듯 반듯한 아침의 자세에
얼마의 불만이 필요했다

가끔, 흐트러지고 싶다는 꿈이 생기곤 했다
꿈과 불안이 함께 자라났다
딱 한 번의 기회를 놓치고 싶지 않아
빛바랜 시간 위에 손을 얹는다
생의 하이라이트가 어둡게 지나갔다

새로이 켜지는 종소리에 귀 기울이는 오후
아주 나쁨의 미세먼지들이
귓불 주변에 둘러앉아 뿌옇게 두런거린다

익숙하지 않는 과도기
내가 아닌 모든 것들을 나머지라 했던 과거를
삭제하기로 했다

어제 버렸던 햇빛이 돌아오는 시간까지
밀린 원리금을 준비해야 한다

창 너머의 겨울 햇살은 층층이 불어난 이자처럼
과장 없이 반짝였다

채널을 돌려도 기막힌 승부수와 눈 예보는 없다

날아라 캥거루

여기는 모리셋파크가 아니에요

지금은 푸른 겨울, 스토브리그
얼마 전 소설(小雪) 바람이 지나갔어요
이 세상 어디에도 없을
나만의 서식처 이코노미클래스에서 환한 독립을 꿈꾸는 이미 슬픈 자화상

나는 캥거루
무엇을 물었어라고 물으면
그저 캥거루

곧 비지니스클래스 쪽으로 건너뛸 거예요

아무에게도 아무 말 할 수 없을 때
목을 조여 오는 시간의 불편함과
그 막막한 갈증을 아시나요

어둠이 짙어질수록 기울어진 오른쪽 어깨의 통증은 더하겠지만 그때마다 모리셋파크를 생각할 거예요

날카로운 말의 화살에 꽂힌 살갗은 염려하지 말아요
맑은 눈물방울로 나를 견뎌낼 것이며
시나브로, 시간에 바쳐진 청춘을 건져낼 거예요
얼마의 너머를 건너다 보면
가까운 훗날이 눈부시게 다가서겠죠
오늘을 어제로 부치고 나면 새로운 월요일이 특급 배송될 것이므로

새처럼 후드득 아무 일 없었다는 듯이

아직은 넓고 평온한 모리셋파크가 아니에요

통화권 이탈

파도, 그 시퍼런 울렁임을 베고 누워
시간을 되새김질해요

천 개의 잎사귀마다 색색의 물을 들이고
물든 잎마저 말없이 자취를 감추면
우듬지 가지 사이사이 일제히 조등을 내걸던
11월의 착한 감나무가 까아만 어둠 속에서 솟아올라요
소멸 직전에서야 빛을 발하는 찬연한 아픔
생성과 소멸
모든 것이 찰나인가 봐요

저마다 존재의 의미가 부여된 땅 위의 모든 것들을 밀쳐내며
앞으로 앞으로 잘도 내달리네요

이보서요
거기, 이쪽저쪽 뺨을 후리는 손매가 보통이 아닌 걸요
뱃머리 휘어잡고 흔들어대던 손놀림과
바람의 슬픈 노래가 당신의 대답이었군요

주머니에 넣어둔 전화기에 생각 없이 시선이 꽂히네요
　폴더를 열던 손가락의 미세한 떨림을 아무도 눈치채진 못했겠죠
　축 늘어진 염려는 뱃머리를 맴돌다 웅크려 앉았고요
　내가 알았던, 나를 알았던 이전의 모든 것들 또한
　꽁꽁 얼어버렸겠죠

　망망대해에선 마음만 길을 잃는 게 아닌가 보더라고요

자작나무 숲에 들다

상상의 계절을 건너
숨 가쁜 시간을 걸으면
발가락보다 가슴이 더 시렸다

수직으로 선 침묵과 적막 사이엔
오래토록 꿈꾼 겹겹의 영원
날 끝 무뎌진 바람의 손바닥에
사랑은 하얗게 태우는 것이라고 까맣게 적었다

이곳은 바람의 영토
은유는 없었다
오로지 나란한 직유뿐

옹이의 숫자만큼 키가 자라면
그만큼의 자리를 내어주는 허공

그림자마저 창백하게 질려가는
둥근 해거름이 오기 전

나는 떠나야 할 것이므로

드문드문한 오리나무와 물박달나무의 간절한 두 손 모음을 새기며

별이 움트고 달이 돋아나올 시간을 기다릴 것이다

순백의 평화

순백의 위안

순백의 작별이 한꺼번에 쏟아졌다

사랑 아닌 것들 모두 잊었다

바람의 심장 소리가 따뜻했다

열대야

  지평선 이마 위에 오늘의 저녁이 내린다

  불볕을 토해내는 허공은 얼마나 뜨거울까
  가보지 못한 사막과 노래가 되지 못한 노래들이 춤으로 일렁이는 노래와 사소했던 일반상식이 일반적이지 못할 때 내가 그어버린 경계선과 불볕을 부채질하는 헬기 소리와 잠들지 못한 기타 등등의 영혼을 죄다 불러 앉히는 밤

  문득,
  한 여자의 가식적인 웃음이 떠올라 누워서도 수축기와 이완기의 경계가 무너진 혈압이 상승곡선을 탄다

  꿀 수 없었던 꿈들이 매미의 목청으로 자라나고
  초침의 숨소리를 대신 끄덕여주는 힘들어도 비겁하지 않은 선풍기

  어쩌다 엉거주춤 잠을 놓친 밤
  열대야는 야자수잎처럼 번져가고

몇 번 비워내면 개운해지는 위장처럼
오늘의 참을 수 없었던 뜨거움을 독하게 비우리

익숙해진 오늘의 무게에 새로운 하루를 추가하면서

오래된 선풍기

잠정 휴업에 들어가랬더니
며칠만 참아달라네요

조금 건방지게 보였을지 몰라도
270도쯤 목 삐딱하게 돌려가며
구경 한번 잘했고요
관절 꺾이지 않을 만큼
앉았다 섰다가도 해봤어요
갱년기를 지나느라 녹슬어 꽉 다물어진 입술과
늘어난 인대 때문에 폐업을 생각 안 한 건 아니지만
그동안의 情이란 게 어디 그런가요
빙글빙글 돌아야만 온전한 내가 되는 것이어서
평생을 어지럼증에 울컥거려도
말 한마디 못했어요
바람을 뱉어내느라 늑골에 바람 든 거조차
눈치채지 못했는 걸요
은근슬쩍 바람의 종류를 표절한
그것조차 죄가 된다면

미련 없이 어둠 속에 갇힐 게요
세상사 궁금해도
엉덩이 굳은살 두꺼워져도
꼼짝 말고 있으려고요
욕창 때문에 벌겋게 짓물러도
어금니 꽉 깨물고 견뎌보겠습니다

어디 피땀 꾹꾹 짜냈던 한여름만 하겠어요
한철, 오지게 바람피운 벌 받으라면 달게 받죠 뭐

천 개의 문
—청송교도소에서

좌회전 우회전의 기억이 있었던가

여기는
지도에도 없는
그들만의 영토
격랑의 시간이 내성으로 주저앉으면
들끓던 소문들이 모래알처럼 흘러내리고
저편의 햇살 같은 소박한 꿈이 자란다

천 개의 문을 지나면
문의 안쪽에서 바깥을 그리는 영혼들
왈칵, 울컥
위에서 아래로
안에서 바깥으로
생각의 알갱이가 굵어진다

뭉게구름의 걸음이 빨라지고
바람의 목소리가 커지면

담장 아래 나란한 금잔화 눈시울이 붉어지고
빛을 잃어버린 자들의 세상 끝에서
용서라는 말이 켜켜이 쌓여
서로가 서로의 빛이 되어준다

이미 추억이 아닌 것들에 대한 원망을 가라앉히며
바탕색을 검정에서 하양으로 바꾼다

달력 속의 하루를 상투적으로 지운다

파장(罷場)

날이면 날마다 오는 게 아니었다

오롯이 기다릴 수밖에 없어 애가 말랐다
바람의 손끝이 너무 매워서라고 직박구리가 슬며시 던지고 간다
생각지도 않았던 눈 때문에 길이 끊겼다고 지나가던 바람이 설핏 말해줬다

기다림의 끝은 있었다
꽉 다문 입술로도 충분한데
환하게 웃어주기까지 했다

날이면 날마다 오는 게 아니라고 했다

기다림, 상처 따윈 생각지도 말라고 했다
아파도 신음은 내지 말라고 했다
오라 가라 사라 마라 흥정 소리마저 그쳤다

지독한 봄 앓이 시작도 전 끝이란다
일 년 동안 빗장을 걸어두란다

날이면 날마다 오는 게 아니라고 다시 말했다

파장이다

도다리 한 마리, 소주 두 병
―광안리에서

정오의 축을 살짝 비켜선 창백해진 해가
정수리 위에서 한 바퀴 돌다가 냉정함 쪽으로 옮겨갈수록
저묾의 영역에 들지 않겠다는 하루의 표정이 안쓰럽다

수평선의 손편지를 물고 건너오는 파도의 숨 가쁨으로
하고 싶었던 말만큼의 소주잔을 기울이는
바다의 목젖이 부풀어 오르는데
추억을 바지런히 물어다 나르는 해풍의 손길과
섬세하게 강약조절을 하는 은빛 발라드
몇 잔을 기울여 봐도 왼쪽 오른쪽은 없다

눈[目]의 방향은 늘 그대로여서
하루가 서 있는 그 자리가 왼쪽 오른쪽이 된다

가끔은 목 놓아 울 줄 아는 떠돌이별이 되고 싶어
머금었던 망망대해를 뱉고 나니
낮술에 꼬여진 파도의 헛바닥이 풀어진다

굳이 푸른 꿈을 꾸는 까닭을 말하라면
하염없이 네거리를 지나고 서른 번째 정류장을 지나도
여전히 가득한 사랑, 그거라고 말하고 싶었다

맛있는 말

금빛 햇살과 마주친 오전의 이마가 곱다는 말

수평선이 약하게 떨리면 파도의 덩치가 커진다는 말

찬바람이 나면 바다에서 나는 것들이 맛있어진다는 말

굴뚝 연기가 아름답게 보이는 것은 아름다운 이들이 지붕 아래 잠들려고 모여드는 저녁이기 때문이라는 말

새들이 높은 가지 끝에 집을 둔 것은 허공이 지붕이고 달빛이 이불이기 때문이라는 말

그래서,
별 탈 없이 하루를 마무리 짓는 일이 행복이라는 말
그
말

제3부

쪽동백꽃 지다

온 봄 내 홀딱 벗고도 더 벗을 게 남았는지
산길 경사만큼 목청을 높여가는
검은등뻐꾸기를 나무라는
이름 모를 새의 한 마디

지지배야
지지배야

가산산성 진남문에서 동문 올라가는 길
말귀를 못 알아듣는 척
뒷모습이 더 고운 쪽동백꽃의 하얀 능청

이팝꽃

어쩐지 개화가 이르다 했습니다

이런 날벼락은 목차에도 없었을 테지요

눈물을 거두세요
숨 막혀 내지르지 못한 비명도 내려놓아요
통곡의 계단 끝에서 한 발짝이라도 내려서라고 감히 말 못합니다
성난 파도와 바람의 어깨를 토닥이면
짓물러버린 눈시울과 심장의 멍울을 쓰다듬어줄까요
갓 지은 흰쌀밥 뜬 수저는 어떡하지요
흰 민들레의 여린 호흡과
죽단화의 은근한 미소와
씀바귀꽃의 가난한 마음은 또 어쩌지요
연두에서 초록으로 건너는 징검다리 위에서도 캄캄해서 아찔합니다
동백꽃, 뒤돌아보지 않고 저만치 걸어갔을 때에도 보이지 않던 눈물이

한 송이 모란 꽃잎 위에 소낙비로 내립니다

어느 별자리 옆
아기별의 새 이름표를 달고 반짝거릴 목숨을 위하여
잰걸음으로 조등 내건 이팝나무의 오열이 하얗게 번집니다

---

*2014년 4월 세월호에서 희생된 가여운 생명을 위하여.

군자란, 꽃대 밀어 올리다

피붙이 잃고 잠시 집 비운 사이
사춘기 접어든 막내 녀석 불알처럼
불그스레 꽃대 밀어 올렸네

꽃 같은 목숨 하나 동백꽃 모가지 지듯 떨어지고 말았는데 아무 일 없다는 듯 세상은 잘만 돌아가네 장가도 못 가본 놈이 맨발로 요단강을 건너버렸다는 데도 꽃대, 꾸역꾸역 올라오네 나의 갈 길 다 가도록 흥얼거리며 올라오네

코끝을 찌르는 포르말린 냄새와 싸늘해진 볼 어루만지며 목 놓았던 눈물의 기억과 마흔여덟, 굽이진 세월의 무늬들을 명복공원 11기 불꽃 속에 밀어 넣고 지금은 화장 중이라는 충혈된 글자와 열두 번도 더 눈 마주치면서도 산 사람은 살아야지 그 말을 위안 삼아 꾸역꾸역 내려보내네

며칠 후 요단강 건너가 만나리 참말 같은 거짓말을 뒤로하고 유인배풍기의 힘을 빌려 멀어져 가는 가엾은 영혼을 이젠 지우려네

무슨 일을 만나든지 만사형통하리라 흥얼거리며 올라오네

등꽃

여린 손가락 마디마디
빼곡하게 내걸어둔 눈부심이 있어
휘어진 등짝이 모처럼 환해진다

세상에 호명 받지 못한 것들조차
저 등불 아래 무릎 맞대고 앉으면
시리고 비좁았던 마음마저
따듯해질 것 같은데

예고 없이 헛바늘 돋듯 한 일상이 아려도
꽃등불 저리 내걸리면
무거워진 보따리 잠시 내려놓을 수 있을 것 같은데

삶의 층계는 가파른 거라며
삶의 안쪽은 끓는 물주전자 뚜껑처럼 달그락거리는 거라며
꽃 같은 말로 토닥여주던 너 같아

굽은 등 위 마알간 메아리로 스며 내리는

사월이 다 질 무렵
봄이 자글자글 여물어가는 나지막한 오후

별을 만지는 방법

별을 만져보고 싶었다

먼저 옥상 딸린 집을 구해야 했고
옥상에서 별까지의 거리를 잴 수 있는 줄자가 필요했고
별을 당길 수 있는 천체망원경이 필요했다

별까지의 거리는 그믐밤처럼 깊어서
이쪽과 저쪽에서 줄자의 양끝을 들고
당신과 내가 허공을 맴돌다가
가끔 바람에 흔들려 중심이 무너지기도 했다

차츰 별을 만지는 방법에 꾀가 늘어나면
아주 오래된 별자리를 그려보기도 했다

절망이 희망을 낳던 밤
그리운 별을 만지는 방법은 꿈속에 있었다

봄비가 내렸다

별빛이 꺼지자 시선의 행방도 사라졌다

입춘

시간차로 고속열차가 좌우로 내달린다

꽝꽝 얼어버린 지천지 앞에
나는 서 있거나 앉아 있으면서
갇혀 있는 물의 울음소리를 듣는다

청둥오리의 발자국은 여러 갈래의 무늬를 그리고
그 무늬의 결을 따라 까치 몇 마리 기웃거린다

숨구멍 하나 없이 얼음이 번져버린 곳에서는
문득, 오리의 행방이 궁금해지고
물길을 내는 소리가 더 커지면
허공을 허우적거리는 미루나무 가지 사이로 윤슬이 눈부시다

사람의 발자국과 새의 발자국 사이에서
봄의 손목을 잡아당기는 바람
햇살의 지분이 조금씩 늘어났다

여러 아쉬움을 등 뒤에 두고
미세먼지도
은빛 물결도
엷은 햇살도
봄을 피우는 꿈이 한창이다

반의반
―금호강변에서

하늘의 절반은 구름
구름의 절반은 바람
바람의 절반은 강물
강물의 절반은 노랑어리연
노랑어리연의 절반은 개망초
개망초의 절반은 기생초
기생초의 절반은 털부처꽃
털부처꽃의 절반은 흰나비
흰나비의 절반은 토끼풀꽃
토끼풀꽃의 절반은 수레국화

그
리
고
어쩌다 때 놓친 메꽃 두어 송이
재두루미와 물오리 몇 마리

먹은 마음이 희부연 날엔

먼 산도 어지러운 마음 달래러
강물 속으로 눕는다

가을, 장 보기

가을과 연루되었던 것들 끼리끼리 좌판에 나앉았다

아직은 파장(罷場)이 아니라고
바람의 붉은 사서함을 열던
붉나무 얼굴 붉히고
개시(開市)하자마자
도토리와 알밤이 매진되었다는 낭보(朗報)가 날아든다

성글어진 쪽동백 잎도 50퍼센트 할인에 들어갔다는
발 빠른 다람쥐 호스트의 전언이다

가분수라고 놀림당하던 일본잎갈나무
태풍의 심술을 견뎌내지 못했는지 굵은 종아리엔
폐기처분을 알리는 누런 딱지가 붙었다

근심이 깊어질 대로 깊어진
쑥부쟁이와 구절초 코너는 그래도 문전성시(門前成市)
(주)가을이 생산품들을 바구니에 담는다

가을의 무게가 더해진 바구니가 넘치고
넘친 만큼 마음속 접어둔 지폐로 값을 치렀으니 이쯤에서는
밑지고 장사한다는 말은 믿지 않기로 한다

손익분기점을 간신히 넘긴 가을의 앞주머니가
단풍의 사연들로 채곡채곡 물들겠다

꽃무릇

무릇
꽃잎 열게 하는 일이
꽃잎 닫게 하는 일이
꽃잎 들여다보는 일이
꽃잎에 입 맞춰 보는 일이

무릇
그 향에 취했던 일이
그 잎 저물던 일이
그 입술 지우던 일이
그 이름 매달았던 일이

무릇
소리 없이도 눈물겨운
붉은 배경으로 남아준 일이
그저 아득하게 낮아
흐린 기억으로 남겨질 일들이

저렇게 슬프도록 황홀하여
저토록 시리게 붉디붉은

북대암에서

지난 몇 계절의 기억은 지우렵니다

낮달, 꼬깃하게 접어둔 마음
다시 다림질해 동남쪽 허공에 내건 오후

버리려 했지만 버리지 못한 나 하나 더 어깨에 메고
꽃만 기억했지 그 꽃의 열매를 몰라봤던 어리석음을 반성합니다

서두르는 기색 없이도 계절의 돌다리를 잘도 건너는 반시나무 그늘에 앉아
생각과 말이 꼬여 엉뚱한 말로 서두르고 있는 나를 깨닫습니다

초록의 페이지를 넘기고
붉은 옷으로 갈아입어야 할 지금은 화양연화

늘
들꽃 피듯

들꽃 지듯

다

그러했으면 좋겠습니다

숨 가빴던 몇 계절의 기억을 지우지 않겠습니다

우포의 달

종일 낯빛이 수상했지요
억센 손아귀에 붙들려
못 빠져나오는 줄 알았지만요
걸어도 걸어도 막막 뿐인
물빛 하늘빛 맞닿은
그곳으로 달려갔지요
하루의 고단을 부려놓아도 좋을
어두운 그 길을 한참이나 걸었지요
순간, 붉어진 그대 얼굴 빠꼼히 내미는데
별들의 손목까지 끌고 나왔는데
숨 멎는 줄 알았네요
억새와 갈대 사이
침묵과 말줄임표 사이
고요와 적막의 그 사이를 뚫고
밤안개의 물밑작업은 시작되고
더 말개진 그대를 내가 껴안는 건지
발목 빠진 나를 그대가 껴안아주는 건지는 중요하지가 않았
어요

먹구름 한 발짝 물러선 하늘
기러기 떼 지어 미루나무 정수리에 걸린
달빛을 물어나르네요
뚝방길, 은근한 그대 팔짱 끼고
억새가 풀어내는 억만 년 전 이야기를 듣고 싶었지요
밤 이즈막 하도록

꽃기린

바람 든 겨드랑이마다 새살 돋아
사이사이 눈물꽃 매단 붉은 사랑

생전과 생후, 생의 한가운데쯤에서도
격랑보다 더 뜨거운 여름을 건넜으리라

목 안 어디쯤과 콧속 어디, 귀밑 거기쯤이 맞닿은 곳
뜨끔거리는 통증 있었을 거다
참을 수 없이 아프거나 슬펐기에
온몸으로 꽃을 피웠을 게다
아니면 못 견딜 만큼의 기쁨이었거나

지금은 어느 한끝에 서 있는 기적을 위하여
뜬눈으로 몇 개의 계절을 건너뛰거나
영하에 맨발로 내쳐진 한기도 견뎌야 하리

南으로 난 창에 매달린 곡진한 햇살을 위하여
창틈을 비집은 바람을 위하여

눈물로 허물어졌던 시간을 던져버리고
낯익은 침묵을 피워 올리는 사랑

면류관을 닮았다

풍경을 마시다

칠포 지나서 월포, 월포
지나서 이가리, 이가리
지나서 방어리, 방어리
지나서 조사리, 조사리
지나면 방석리

고전적인 음악이 갇힌 카페, 방석에서는
빨간 등대와
테트라포드와
살찐 갈매기와
산수유 꽃망울에 걸린 전깃줄과
동네 하나를 삼켜버린 볼록렌즈와
버려진 종이컵과
더 낮아진 하늘과
수평선을 끌고 오는 흰 파도의 근육과
짙푸른 동해도 함께 갇혀 있다

나는

그 풍경을
한 행 두 행 마시는 중이다

왜목에서

일몰을 놓쳐버렸습니다

모가지가 길어서 슬프다는 말
그때서야 알았습니다

나만의 보호색에 옷깃을 비벼대다가
한참을 맴돌았습니다

어디에도 없고
어디에도 있었습니다

우는 법을 지웠는데도 눈물이 났습니다
나는 법을 잊어버렸는데도
더듬더듬 기억의 날개를 꺼내야만 했습니다

왜목에서
섬과 불빛과 쪽배를 기다리는 일
기적 같은 축복이었습니다

제4부

페달을 밟으면

털부처꽃 예약석 명찰 아래 냉큼 앉아버린
괭이밥의 표정이 환한 강변에서
눈부심과 긴 그림자를 감당해야 하는 봄 햇살과 마주 서게 된다

오도 가도 할 수가 없을 때 세상을 버리는 꽃잎 사이로
상하행의 기차가 지나가면
그리움 하나 철커덕거리며 앞서서 걷는다

페달을 밟고 있으면
—멀리 가지 마라
—조심해라
당신 마음이 먼저 허리춤을 잡고 등 뒤에 앉았다

나뭇잎 스치는 소리가 어제와 다르다

입장(笠場)

잔설을 뒤집어쓴 산봉우리는 구름이 되고 구름은 하늘이 되고 다시 산이 되어버린 허물어진 허공의 경계를 미련 없이 밀쳐내고 드문드문 맨발로 뛰어들었다가 주저앉아 버리는 눈발 하나에 눈길 한 번 더 보내고 나니 안개 잦은 구역의 경계선 안이다

각박해진 세상을 향하여 돌멩이 한번 던져보지 못한 산비둘기 한 마리 목 놓아 울다가 글썽이는 눈으로 맹랑하게 몸을 던졌다는 거짓말 같은 그 길이 멀찌감치에 보였다 그 눈물 길어 올려 쪼아 먹던 바람의 부리에는 희미하게 봄의 입김이 묻어 있다 마음 귀퉁이를 떼어내 주검으로도 견디지 못한 길 위에 던진다

생각지도 못했던 별별의 생각들이 신생의 별을 꿈꾸며 재깍이는 초침 소리 따라 어둠의 길을 헤치고 상상이 상상의 꼬리를 밟다가 가물거리다가 밤새워 동그라미 치는 별, 그 안에 갇혀버린 퇴행성같이 희미해진 꿈의 소외감을 위하여 별별 생각에 잠겼다가 화들짝 깨어났다

은사시나무,

수천의 팔을 뻗어 봄 미나리 향 그윽한 편지를 바람의 손바닥마다 쥐여주는 중인데 설산과 봄 편지 사이에 헝클어진 입장정리가 끝나지 않았다는 수신호를 보내는 이정표, 그래도 입장(笠場)에 들어섰다

　연속 급커브길 영역을 벗어났다

양떼구름

평창군 대관령면 횡계3리 해발 800미터의 양떼들이
허공으로 이사를 했나 봅니다

그런 날이면 바람도 햇살도 숨을 멈춥니다

허공의 풍경이 되어버린 하얀 풍경들
지상의 쓸쓸함이 밤새 손잡고 몇 계단 올라가
누구는 만질 수 있고
또 누구는 만질 수 없는 그림이 됩니다

한결같이 희기만 한 그들은 바람의 성질에 따라
깍지를 끼기도 하다가
깍지 낀 손을 풀어 물수제비를 그리기도 하다가
다시 그윽한 눈빛으로 바라보기도 하다가
눈시울 젖어들기도 하다가
떼 지어 다니기도 합니다

서편 하늘이 낮술 몇 잔에 얼굴 붉어지면

하늘 양떼 목장에도 빗장이 걸립니다
산 깊은 암자 요사채 뜨락을 거니는
비구니의 미소처럼 환하게 깊어집니다

이 계절
반가운 손님 같은

풍경 쉐이크

모량역 지나 호계역
다시 해운대까지는
마음을 먼저 보내고
태화강역을 밟고 덕하역 쪽으로 더 기울어지는 어깨
비켜가는 일과 비켜주는 일 그 사이에
침묵, 기적의 목청이 싱그럽다

뭉게구름 3스푼, 모감주 꽃잎 2스푼, 메타세콰이어 잎사귀 1스푼, 해바라기 꽃잎 몇 장, 화물열차 한 칸, 빨간 슬레이트 지붕 반 조각, 그 왼편 해송 사이 눈물겹도록 그립던 나의 바다, 덜컹거리는 내 맘과 아이들 웃음소리,

스쳐 지나는 것이나 머무름의 순간조차
풍경화로 칸칸이 들어앉히는 기적
기적의 속도만큼 흔들어
알맞은 빛깔로 숙성시키는 부전행 무궁화호의 숙련된 손놀림

기장과 송정을 지나

마음을 먼저 보낸 해운대에 들어서면
무지개 빛깔의 풍경 쉐이크 잔이 들려진다

맛있는 기적을 마신다

부석사에서

　은행나무 길, 당간지주 옆에서 부석이라 내뱉으면 이른 점심 공양 자반고등어 냄새가 푸석거리며 빠져나가고 다시 부석사라 말하면 예배당 첨탑의 빨강이 길옆 마을을 완성시켜준다고 쫑알거렸던 몇 시간 전의 그 말이 바람처럼 싸아—하게 빠져나간다

　오래된 시간이 드나드는 틈을 향하여 무량하게 아름답다라는 감탄사의 손목을 잡고 백팔 계단을 올라 사무치는 공중부양 앞에 서서 사랑이라는 명사를 내려놓으면 이미 천만 년 전 아득한 극락정토, 화엄의 세계

　소백 능선보다 더 겹겹인 사랑 앞에
　수국의 수런거림과 청동의 풍경이 빚어내는 바람의 향기,
　그 닿을 수 없는 겸손

　목메도록 붙잡고 싶은 하루의 허리춤이
　저녁 강물에 석양빛으로 번질 때면
　또 하루의 절반 이상을 참았고 남은 하루의 절반 이하를 견뎌

야 한다고
 출렁거리는 마음을 토닥거리게 되는 저 돌 위에 뜬 부석사

소리의 무늬

몇 다발 뭉게구름의 소리를 장안문과 화서문 사이 허공에 걸어놓으면 바람 없이도 펄럭거리지

대웅전 기둥과 기둥 사이 줄지어 선 염원은 악보 없이도 세레나데풍의 고백이 되고

먹장구름과 적운의 딱 중간쯤에 노래를 앉히면 소리의 입자들은 천둥을 낳다가 눈물을 찔끔거리기도 하지

몇 켤레의 신발이 닳을지라도 너의 목소리를 짊어진 발걸음은 가벼울 것이며 천리만리를 하얗게 수직으로 날아오르기도 하고

먹어도 허기진 가슴속에선 출처가 불분명한 바람의 목소리가 새어나와 오래전 앓았던 늑막이 하얗게 드러나 속내를 들키기도 하지

생각의 골이 깊어진 날엔 백태로 두꺼워진 혓바닥이 각을 세

위 동그랗게 휘파람의 무늬를 그리기도 하고

  비릿하게 번지는 파문의 마음을 흉내 내기도 하는 저 뜨겁지도 차갑지도 않은 소리의 무늬

꽃자리

옥양목 두어 필 깔아놓은 앞마당

어스름조차, 별빛마저 이 저물녘의 시간을 무효화하자는데

하루를 견디느라 지친 몇 자락의 구름이 솔가지에 앉아

너는 얼마나 울어봤니

너는 몇 번을 웃어봤니

가라앉은 목소리로 말을 붙이네요

그냥 석양을 숨겨버린 구름의 질투를 인정해주기로 했네요

박명의 시각, 흙 묻은 겉옷을 벗어버리고

풀꽃 향 얇은 옷 한 겹 부끄럽게 껴입는 자리

이미 닳아버린 꽃신이 아깝지 않을 거기

꽃자리

해돋이

당신과 나 잠든 사이
동이 트려 하는데
갈매기가 날고
흰 파도가 일고
내가 아는 그곳에
내가 모르는 것들도 있어서
내가 다 아는 체 할 수 없네

갈매기는 쉰 목소리로 울고
고깃배는 삽작문처럼 삐걱대고
아득한 수평선은 너무 아득하게 글썽이고
걷다 걷다 발바닥이 부르터 되돌아갈 집이 먼 흰 파도는
쉴 틈 없이 부딪히고 부서져
나는 다 인사할 수가 없네

당신과 나 깊이 잠든 사이에
동이 트려 하는데
그 모든 것이 그저 아득하기만 해

갈매기도 고깃배도 수평선도 흰 파도도

꿈길이어서

당신과 나 사이 온통 환한 것뿐이어서

햇살을 삼키다

블라인드를 당겨 올리자
지천역이 급행으로 밀려나고
세상 앞으로 한 발짝 배를 내밀었던 은사시나무
숲을 향하여 뒤돌아서기를 하고 나면
하루 분량의 마침맞은 아침볕이 광속으로 밀려든다

눈부시지 않아 눈 깜빡거릴 일 없어도
늘 덜컹거린다던 너의 마음을 마음 한 켠에 심고
그것이 그러하다고 하나
그것이 정녕 아니 그러할 수도 있을 것이라 일러준
두고 온 햇살을 삼키는 일은
단 한 번도 고장 난 적이 없는 미련한 어제 같아서
목구멍에 걸린 한 방울의 침 같아서
하루에도 몇 번씩이나 사레들어 쿨럭이게 한다

허둥대다 발목 접질렸던 그날처럼
또 하루를 헐값으로 써버린 것 같아 불편해지는 시간
자꾸만 투명해지는 바람의 살결을 더듬으며

기도를 타고 올라온 몇 소절의 명랑한 음계를
　채 눈에 밟히지도 못하고 줄지어 물러서는 풍경 줄에 올려주
고 싶다

코스모스가 있던 자리

백 분의 일 세기의 기다림은 늘 목젖을 달군다

아쉬움이 펄럭일 때 한 바퀴 더 돌아서 가는 길처럼
내가 돌아간다
같은 자리에 서서
돌아가는 순간이 다른 바람개비를 닮았다

울다가 웃다가
웃다가 울다가
내가 흔들린다
날개 찢어진 배추흰나비도 흔들린다
그래도 견딘다

예각으로 떨어진 강물 속의 석양을 두고
냉정하게 등 돌려 걷는 구름의 치맛자락을 당기면
당겨진 만큼의 별들이 태어나고
바람 소리는 다정히 입술 위에 앉는다

손끝 닿기만 해도 홍안이던 너를 꺼내
숨죽여 우는 법을 적는다

네가 있던 그 자리에
진물 나는 나를 풀어놓는다

대견사에서

이쯤에선 뭉게구름도 부동자세다

이,목,구,비의
잡음들
산괴불주머니 노란 웃음 옆에 내려놓고
하얀 물소리를 거슬러 걷는다

큰개별꽃과 노랑제비꽃에게
잠시 내주었던 마음 추슬러
돌너덜겅의 영역을 지나
천년고찰의 여린 호흡에 닫혔던 귀를 연다

흔들렸던 뼈 마디마디의
중심을 돌탑 위에 올려놓고
풍경 소리 읽으려 계단을 오른다

간절하게 연둣빛 머금으면
묵언의 입술이 열릴까

억압의 외투를 벗은 적멸보궁이 걸어나올까

사월 햇살과 참꽃의 붉은 공양을 받으며
절벽이라 뱉을 수 없는 절벽 앞에
나는 서 있다

얼마나 아팠을까
이마를 잃어버린 석탑은

와온에서

빈 배가 아니었다

네댓의 바람과
뙤약볕 몇 줌을 앉히고 기울어져 졸고 있는
지금은 뭍인 이곳에선
바람의 심장 한가운데를 만지는
칠월 햇살 손끝의 그 뜨거움이
너의 사랑이라 말하고 싶었다

고장 나버린 제어장치였다 해도
그것은 사랑
불같은 사랑

초침의 손목을 바지런히 끌어
세월의 두께를 늘려가는 얄미운 바람이라 해도
기억 속의 바람 또한 추상의 뜨거운 몸짓이었다 해도
삼복 햇살의 따가운 키스에
맞장구를 쳐주지 않았다 해도

직무유기라 말하지 마라

들물 날물의 익숙한 후렴구에 물들어
올인 하지 마라
목숨 걸지 마라
적당한 간격
적당한 눈빛으로 말하라

굳은살의 지문이 얼룩으로 새겨진 모래뻘에서는

초설

고백합니다

오늘도 살아 있어서 죄를 짓습니다

그저 내 눈엔 당신이
첫눈쯤으로 보였다가
팔랑거리는 연분홍 나비로 보였을 뿐입니다

손아귀에 넣고 쥐어짜면 푸른 물이 뚝뚝 흘러내릴 것
같은 축축한 안개 말라갈 즈음
초라한 마음의 정원에 깃들어 주었네요 감사하게도
마주친 순간,
당신은 분홍빛으로 물들어 팔랑거렸어요

뜨거운 마음은 잠시 사양할래요
어둡지 않은 그늘과 바람의 적선만이 필요할 뿐
언젠가 당신 이마 위에 꽃다지빛
등불 하나 켜지면 그때는 저인 줄 아세요

마음대로 출렁거려도 강물의 노래가 되는
당신의 너른 품에 돌다리 몇 개 놓고 폴짝거리면
달보다 별보다 가까운 첫눈으로 내린 줄
기억이나 해주실 거죠

달빛 소나타

실밥 풀린 어제의 솔기와
오늘의 자투리 시간을 맞붙여 시침질해요

추억의 겹은 두껍기도 하고
귀 맞지 않는 조각이 더러 있어
단단한 골무를 끼고서도 시침질은 더뎌지고
손가락이 찔려 상처가 나기도 하지요

달빛 아래서
추억을 꿰매는 일은
그리움처럼 쓸쓸하게 깊어서
한 땀씩 꿰맬수록 울렁증의 반경이 넓어져요

타진 솔기를 맞춰 잡고
시침실 위로 노오란 색실 곱 걸어
더 단단하고 환해질 추억을 기워요

저, 핸드메이드 달빛 소나타

해설

떠도는 사담(私談)들을 건너 꿈에 닿기

박서영 시인

  신경(神經)을 쓴다, 라는 말은 어떤 일에 대한 느낌이나 생각에 사로잡혀 있다는 뜻이다. 그것은 아무리 쫓아내도 사라지지 않고 뇌와 가슴을 자극하며 괴롭힌다. 감각이 예민한 사람일수록 정도가 심하다. 일식(日蝕)이 일어날 때 온몸이 추워서 덜덜 떨거나, 오랜 시간이 지나도 치유되지 않는 트라우마에 시달리는 사람은 그만큼 감각세포가 예민하기 때문이다. 시인들은 그런 존재다. 박숙경 시인 역시 예민한 감각의 소유자로 생각이 많고 세상의 떠도는 사담(私談)들에서 자유롭지 못한다. 시인이 생을 견디는 방식은 '건너뛰기'이다. 타인과의 관계에서도 서로 밀착되어 깊은 이야기를 만드는 것이 아니라 '건너가고 건너오는' 것이라고 본다. 그래서 건너뛴 자리에는 무수히 많은 '사이'들이 발생한다. 그 사이는 "우연과 필연의 행간이 고요히 읽혀"(「행복한 일」)지는 장소다. 어떤 관계가 파탄 나거나, 상처가 끝난 자리를 혼자 들여다볼 때, 건너온 시간을 생각할 때 맺히는 장소가 '사이'이며 그곳엔 시인의 사유로 가득 차 있다.

> 소나기 한줄기 후드기는 일
> 짧은 소나기 뒤에 남은 흙냄새의 여운이
>
> 빈 화분에 아무 말 없이 흰 봉숭아꽃 피웠을 때 아무 일 없었다는 게 아니었다는 걸 그때서야 깨달아질 때
>
> 오른쪽이 뜯겨진 채로 뒤뚱거리며 초록의 풍경이 되어주려는 노랑나비 갈비뼈의 무늬가 생각날 때
> ―「행복한 일」 부분

기억은 한쪽 날개가 찢겨진 채로 뒤뚱거리며 식물에 앉는 나비처럼 남아 있다. 뭔가 완전하지 않고 실체도 없지만 남아 있는 것. 상처의 '여운'이 '행간'을 만들고 시인은 우연처럼 필연처럼 자신에게 온 그 행간을 들여다본다. "이미 추억이 아닌 것들에 대한 원망을 가라앉히며/바탕색을 검정에서 하양으로 바꾼다"(「천개의 문―청송교도소에서」). 시인에게 남겨진 건 흰 시간들인 것이다. 그래서 시인은 흰 페이지를 갖게 되고, 실존의 고통 뒤에 오는 휴식과 고요함을 느낄 수 있게 된다. 그가 건너

온 시간과 시간에 '사이'라는 공간이 발생했다는 건 시인의 내적, 외적 상처가 그만큼 깊기 때문이다. 그 '사이'에 관한 몇 편의 시를 살펴보면,

> 그 사이와 사이사이
> 다시 힘줄 불거진 손등,
> 질긴 삶의 끈을 놓을 수 없는 아찔한 뒷모습이
> 12월처럼 뭉클하다
> ―「생의 뒤 페이지를 스캔하다」 부분

> 바람 든 겨드랑이마다 새살 돋아
> 사이사이 눈물꽃 매단 붉은 사랑
>
> 생전과 생후, 생의 한가운데쯤에서도
> 격랑보다 더 뜨거운 여름을 건넜으리라
> ―「꽃기린」 부분

> 삭풍과 삭풍 사이, 잴 수 없는
> 내 아둔한 요량으로는 억만 광년쯤이나 될 듯합니다
> ―「겨우살이」 부분

> 몇 다발 뭉게구름의 소리를 장안문과 화서문 사이 허공에
> 걸어놓으면 바람 없이도 펄럭거리지

대웅전 기둥과 기둥 사이 줄지어 선 염원은 악보 없이도
　　세레나데풍의 고백이 되고
　　　　　　　　　　―「소리의 무늬」 부분

　　억새와 갈대 사이
　　침묵과 말줄임표 사이
　　고요와 적막의 그 사이를 뚫고
　　밤안개의 물밑작업은 시작되고
　　더 말개진 그대를 내가 껴안는 건지
　　발목 빠진 나를 그대가 껴안아주는 건지는 중요하지가 않
　　았어요
　　　　　　　　　　―「우포의 달」 부분

　시인의 상처는 곧, '흰 페이지' 위에서 뭉클해지고 "붉은 사랑"으로 꿈꾸어진다. 그것은 시인이 "악보 없이도 세레나데풍의 고백"을 '염원'으로 불타오르게 할 수 있는 힘이 된다. 박숙경 시인은 특유의 섬세한 감수성으로 '사이'의 시학을 만들고 우주의 이미지들을 배후로 자신의 관념을 노출시킨다. 시인의 진술은 설명되고 이해되어지기보다는 그냥 바라보고 사랑해야 하는 것이다. 우리가 누군가를 사랑하는 것에 이유를 만들어낼 필요가 없듯이 타자와 타자가 사랑하는 데는 "고요와 적막의 그 사이를 뚫고/밤안개의 물밑작업이 시작"되는 것처럼 고독하고도 내밀한 것이다. 그래서 두 개의 빛은 서로를 바라보는 것만

으로도 하나의 빛으로 뒤섞일 수 있다. 또 다른 '사이의 시학'을 살펴보자.

> 수직으로 선 침묵과 적막 사이엔
> 오래토록 꿈꾼 겹겹의 영원
> 날 끝 무뎌진 바람의 손바닥에
> 사랑은 하얗게 태우는 것이라고 까맣게 적었다
> ―「자작나무 숲에 들다」 부분

> 우듬지 가지 사이사이 일제히 조등을 내걸던
> 11월의 착한 감나무가 까아만 어둠 속에서 솟아올라요
> …(중략)…
> 생성과 소멸
> 모든 것이 찰나인가 봐요
> ―「통화권 이탈」 부분

> 당신과 나 잠든 사이
> 동이 트려 하는데
> 갈매기가 날고
> 흰 파도가 일고
> 내가 아는 그곳에
> 내가 모르는 것들도 있어서
> 내가 다 아는 체 할 수 없네

—「해돋이」부분

그래봤자 요지부동의 애매한 말들과 모호한 생각 사이에
애매모호의 공간을 만들기도 한다
—「미스킴라일락」부분

앞에서 언급했듯이, 인용한 시들에서 박숙경이 보여주는 '사이의 시학'은 관계 맺기에 관한 것이다. 사이가 한 곳에서 다른 곳으로, 혹은 한 물체에서 다른 물체로, 혹은 한 사람에게 건너가기 위한 것이라면 상처는 필연적이다. 그런데 자세히 보면 시인이 만들어내고 있는 '사이'의 결이 매우 섬세하다. 시인은 먼 것과 먼 것의 관계에서 '사이'를 보는 게 아니라 매우 가까운 것들에게서 틈을 발견해내고 있다. "억새와 갈대 사이/침묵과 말줄임표 사이/고요와 적막의 그 사이"와 "침묵과 적막 사이" "대웅전 기둥과 기둥 사이" "삭풍과 삭풍 사이" "우듬지 가지 사이 사이"들은 한 몸이거나 구별이 힘든 것들이다. 그래서일까? 시인은 사랑하는 "당신과 나"에게도 '사이'가 있다고 한다.

산 어귀에서 자귀나무인지 미모사인지 잠시 헷갈리는 사이
오르막길, 턱밑에 거미줄이 걸렸을 때
밤새워 일했을까 궁금한 사이
돌탑 꼭대기 돌멩이 올려놓으며

> 바람 불면 떨어질까 그대로 있어줄까 신경 쓰이던 사이
> 얌전한 제비꽃에 마음 살짝 다녀온 사이
> 청설모 한 마리 묵은 솔방울 안고 나무와 나무 사이를 폴짝거리던 사이
> 사이와 사이에 몰두하다 내려갈 지점 깜빡 놓쳐버린 사이
> ―「그 사이에」부분

인용한 시에서 보듯 시인은 "사이와 사이에 몰두하다 내려갈 지점을 깜빡 놓쳐버리는 사이"에 골똘하게 머물러 있다. 그렇다면 사이는 어떻게 발생했을까. 그건 지나가고 지나오고, 건너갔고 건너왔기 때문이다. 우리는 살면서 무수히 많은 순간을 지나고 건넌다. 순간이 영원으로 남는 건 기억 때문이다.

> 지금은 푸른 겨울 스토브리그
> 얼마 전 소설(小雪) 바람이 지나갔어요
> 이 세상 어디에도 없을
> 나만의 서식처 이코노미클래스에서 환한 독립을 꿈꾸는
> 이미 슬픈 자화상
>
> 나는 캥거루
> 무엇을 물었어라고 물으면
> 그저 캥거루

곧 비즈니스클래스 쪽으로 건너뛸 거예요

—「날아라 캥거루」부분

　시인의 현실은 좁은 좌석에 앉아 "목을 조여 오는 시간의 불편함"과 "막막한 갈증"을 견디고 있는 것이다. 그런 곳이 현재의 서식지인 셈이다. 하지만 그때마다 "모리셋파크"를 생각할 거라고 한다. 멀리 날아가지도, 도망치지도 못하는 캥거루의 운명은 "날카로운 말의 화살에 꽂힌 살갗"과 "맑은 눈물방울"로 현실을 견뎌내는 것이다. 시인은 말한다. "얼마의 너머를 건너다 보면/가까운 훗날이 눈부시게 다가서겠죠"라고. 캥거루가 날아오른다는 것은 캥거루가 한 발자국 더 앞으로 나아간다는 뜻이고, 그것은 곧 자기 인생의 '사이'를 깊게 만든다는 의미이다. 그래서 「날아라 캥거루」는 희망과 꿈의 도약으로 읽혀진다. 그는 또 다른 시에서 "지금은 어느 한 끝에 서 있는 기적을 위하여/뜬눈으로 몇 개의 계절을 건너뛰거나/영하에 맨발로 내처진 한기도 견뎌야 하리"(「꽃기린」)라는 표현을 통해 '견딤'의 각오를 곤고히 한다. 그리고 많은 '건너옴'과 '건너감' 사이에서 "그 마음이 내 마음으로 건너올 때에는 무한 dB"(「소음측정기」)라고 하면서 마음의 움직임을 강조하고 있다. 마음은 그러하다. 늘 길을 잃고 체념하고 젖어 있다. "내가 알았던, 나를 알았던 이전의 모든 것들 또한/꽁꽁 얼어버"(「통화권 이탈」)리는 걸 가장 먼저 느끼게 되는 게 마음이다. 그리고 마음은 "순백의 평화/순백의 위안/순백의 작별이 한꺼번에 쏟아지는 걸"(「자작나무 숲에 들다」) 다 받아낸다.

별을 만져보고 싶었다

먼저 옥상 딸린 집을 구해야 했고
옥상에서 별까지의 거리를 잴 수 있는 줄자가 필요했고
별을 당길 수 있는 천체망원경이 필요했다

별까지의 거리는 그믐처럼 깊어서
이쪽과 저쪽에서 줄자의 양끝을 들고
당신과 내가 허공을 맴돌다가
가끔 바람에 흔들려 중심이 무너지기도 했다

차츰 별을 만지는 방법에 꾀가 늘어나면
아주 오래된 별자리를 그려보기도 했다

절망이 희망을 낳던 밤
그리운 별을 만지는 방법은 꿈속에 있었다

봄비가 내렸다
별빛이 꺼지자 시선의 행방도 사라졌다
—「별을 만지는 방법」 전문

「별을 만지는 방법」은 시인의 자연에 대한 통찰력과 상상력이 돋보이는 수작이다. 자연을 자신의 내면으로 끌고 와 변주할 때 시인은 매우 행복해 보인다. 맑은 날 옥상에서 시인은 하늘을 바라보며 별을 만지는 방법에 대해 고심하고 있다. 별에 살고 있는 '당신'과 옥상에 서 있는 '내'가 "이쪽과 저쪽에서" 줄자를 잡고 거리를 재고 있는 모습을 상상해보라. 삶과 죽음의 거리를 잴 수는 없지만 한번 재보고 싶어지는 날이 누구에게나 있는 것이다. 그건 불가능한 일을 꿈꾸는 일이다. 그래서 "절망이 희망을 낳던 밤/그리운 별을 만지는 방법은 꿈속에"서나 있다는 전언은 설득력이 있다. 더군다나 시인은 "꿈을 꾸다가 별별의 별들과 마주치는 건 아주 흔한 일/꿈의 깊이만큼 잠꼬대를"(「고양이는 고양이 세수 중」) 하기도 한다.

> 생각지도 못했던 별별의 생각들이 신생의 별을 꿈꾸며 재깍이는 초침 소리 따라 어둠의 길을 헤치고 상상이 상상의 꼬리를 밟다가 가물거리다가 밤새워 동그라미 지는 별, 그 안에 갇혀버린 퇴행성같이 희미해진 꿈의 소외감을 위하여 별별 생각에 잠겼다가 화들짝 깨어났다
> ─「입장(立場)」부분

이와 같이 시인의 몽상 속에서 '별'은 매우 중요한 매개물이다. 만질 수 없으나 다시 한 번 만지고 싶은 존재이기도 하고,

그리움의 대상으로 변주되기도 한다. "어느 별자리 옆/아기별의 새 이름표를 달고 반짝거릴 목숨을 위하여/잰걸음으로 조등 내건 이팝나무에 오열이 하얗게 번지"는 계절이다. 어느 아기의 영혼이, 어느 사랑하는 이의 영혼이 밤하늘 새 별이 되어 반짝이고 있는가. 현실을 견디는 방법으로 '꿈꾸기'를 선택한 사람에게 누가 묻는다면 "굳이 푸른 꿈을 꾸는 까닭을 말하라면/하염없이 네거리를 지나고 서른 번째 정류장을 지나도/여전히 가득한 사랑, 그거라고"(「도다리 한 마리, 소주 두 병—광안리에서」) 대답할 것이다. 박숙경 시인에겐 이렇게 '사랑'과 '그리움'이 가득하다.

> 가끔, 흐트러지고 싶다는 꿈이 생기곤 했다
> 꿈과 불안이 함께 자라났다
> ―「햇빛 이자」 부분

> 사람의 발자국과 새의 발자국 사이에서
> 봄의 손목을 잡아당기는 바람
> 햇살의 지분이 조금씩 늘어났다
> 여러 아쉬움을 등 뒤에 두고
> 미세먼지도
> 은빛 물결도
> 엷은 햇살도
> 봄을 피우는 꿈이 한창이다

―「입춘」 부분

　시인은 자본주의의 일상을 비껴 자연이 주는 행복감에 몸을 맡기고 있다. 소란스러운 대화나 소음은 불편하다. '햇빛'은 '이자'나 '지분'처럼 세상의 꿈을 키워준다. "불을 켜는 일은 봄 햇살의 의무/뿌리에서 봄눈까지의 불편한 소통을 해결하는 방법은/정무적 판단이 아닌/고도의 전략"(「폭탄 돌리기」)이었기에, '햇살'은 따사로운 느낌과 함께 평화롭고 사사로운 생각들을 길어 올리게 해준다.
　인간이 자연을 통해 반성하고 성찰한다는 것은 개인의 미적인 체험에 의해서 가능하다. 시인에게 있어 꽃과 나비 등, 생물들의 현상들은 사건이며, 시는 미적 경험이 감성을 건드려 발생하는 언어의 사건인 셈이다. 자연의 운명은 시인의 감성에 의해 새로운 운명으로 탄생한다. 시인은 끝없이 자연의 사건들에 개입하며 그 순수성에 자신의 체험들을 덧입힌다. 자연이라는 주체는 깨져버리고 시인이 만든 세계는 남게 되는 것이다. 세상은 그제도 어제도 오늘도 똑같이 돌아가고 있는데 시인의 마음이 슬픔과 아픔을 만들어낸다. 산다는 건 언제나 크고 작은 사담(私談)들의 연속이다. 그것들이 고통과 슬픔의 무늬들을 만든다.
　박숙경 시인은 유독 작고 여리고 애틋한 것들에게 눈길을 준다. 그리고는 그들에게 "나는 다 인사할 수가 없"(「해돋이」)다, 라고 고백하고 있다. 세상의 식물들과 동물들과 물체들과 사람들에게 우리는 다 인사하고 갈 수는 없는 것이다. 다만 우리는 수많은 순간을 건너서, 떠도는 이야기들을 건너서 '꿈'에 닿으려고 노력할 뿐이다. "꿈길이어서/당신과 나 사이 온통 환한 것"(「해돋이」)들을 돌보면서, 들여다보면서 갈 수 있다. 이생이다만, 꿈길이어서 떠나버린 당신을 꿈속에 불러올 수 있고 만날 수 있듯이 시인은 꿈을 꿈꾸면서 견딘다. 박숙경 시인은 예민하고 섬세한 감수성과 부드러운 눈빛으로 '사이'들을 들여다본다. 뭔가 아물거리고 그리운 것이 이루어질 수 없는 '꿈'에 초대받아 소곤소곤 들려주는 이야기를 듣고 돌아온 것만 같다.

이 도서의 국립중앙도서관 출판시도서목록(CIP)은 서지정보유통지원시스템 홈페이지
(http://seoji.nl.go.kr)와 국가자료공동목록시스템(http://www.nl.go.kr/kolisnet)에서
이용하실 수 있습니다.(CIP제어번호: CIP2016012329)

문학의전당 시인선 227

날아라 캥거루

ⓒ 박숙경

초판 1쇄 인쇄　2016년 6월 1일
초판 1쇄 발행　2016년 6월 8일

　　지은이　박숙경
　　펴낸이　고영
　　책임편집　류미야
　　디자인　헤이존
　　펴낸곳　문학의전당
　　출판등록　제311-2012-000043호
　　주소　서울시 은평구 연서로11길 7-5 401호
　　전화　02-852-1977　팩스 02-852-1978
　　전자우편　sbpoem@naver.com

　　　ISBN　979-11-5896-261-6　03810

＊이 책의 판권은 지은이와 문학의전당에 있습니다.
＊양측의 서면 동의 없는 무단 전재 및 복제를 금합니다.
＊잘못 만들어진 책은 바꿔드립니다.
＊이 시집은 2016 대구문화재단 문화예술진흥사업 지원으로 출간되었습니다.